13 mars 1911

Vente après décès de M. G. du R...

PORCELAINES

de Saxe, Sèvres pâte tendre, Chine

OBJETS DE VITRINE

TAPISSERIES

Vente après décès de M. C. du R...

PORCELAINES

de Saxe, Sèvres pâte tendre, Chine

OBJETS DE VITRINE

TAPISSERIES

CONDITIONS DE LA VENTE

Elle sera faite au comptant.

Les acquéreurs paieront *dix pour cent* en sus des enchères.

Paris. — Imp. Georges Petit, 12, rue Godot-de-Mauroi. — 21137-11.

CATALOGUE

DES

PORCELAINES

DE

Saxe, Sèvres pâte tendre, Chine

ET AUTRES

MONTRES — OBJETS DE VITRINE

BRONZES — MEUBLES

TAPISSERIES

DE BEAUVAIS & DES FLANDRES

des XVIe. XVIIe et XVIIIe Siècles

DONT LA VENTE

PAR SUITE DU DÉCÈS DE M. G. DU R...

AURA LIEU A PARIS

HOTEL DROUOT, Salles N°s 9 & 10

Les Lundi 13, Mardi 14, Mercredi 15 et Jeudi 16 Mars 1911

à deux heures

COMMISSAIRE-PRISEUR

Mᵉ HENRI BAUDOIN

Successeur de Mᵉ PAUL CHEVALLIER

10, rue Grange-Batelière, 10

EXPERTS

MM. MANNHEIM

7, rue Saint-Georges, 7

PARIS

EXPOSITIONS

Particulière : *Le Samedi 11 Mars 1911, de 1 heure 1/2 à 5 heures 1/2.*

Publique : *Le Dimanche 12 Mars 1911, de 1 heure 1/2 à 5 heures 1/2.*

Entrée par la rue Grange-Batelière.

ORDRE DES VACATIONS

Le Lundi 13 Mars 1911.

	Numéros
Porcelaines d'Allemagne	1 à 36
Porcelaines de Saxe (Partie des)	37 à 109

Le Mardi 14 Mars 1911.

Porcelaines de Saxe (Fin des)	110 à 190
Porcelaines de Sèvres et de Vincennes	191 à 221

Le Mercredi 15 Mars 1911.

Porcelaines variées	222 à 242
Porcelaines de la Chine et du Japon	243 à 339

Le Jeudi 16 Mars 1911.

Objets divers	340 à 349
Objets de vitrine	350 à 392
Bronzes, Meubles	393 à 396
Tapisseries	397 à 405

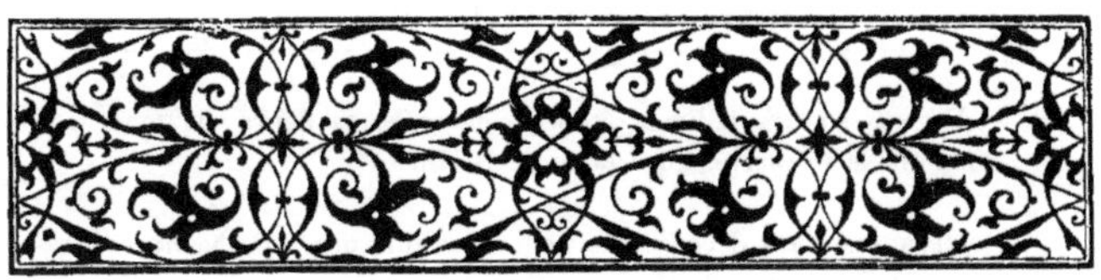

Désignation

PORCELAINES D'ALLEMAGNE

1 — Cafetière avec couvercle, décor d'oiseaux et d'arbustes. Ancienne porcelaine d'Allemagne.

2 — Boite oblongue, décorée sur toutes les faces de paysages animés. Ancienne porcelaine d'Allemagne.

3 — Bénitier, orné d'une figure de sainte Madeleine au pied de la Croix. Ancienne porcelaine d'Allemagne.

4 — Vase, orné d'un double écusson d'alliance timbré d'une couronne de duc, ainsi que de branches fleuries et d'insectes ; feuillages et lambrequins gaufrés au culot et à l'épaulement. Ancienne porcelaine d'Allemagne.

5 — Chocolatière avec couvercle, décorée de paysages animés dans des encadrements dorés. Porcelaine portant la marque : *Augustus rex.*

6 — Flacon a thé obconique avec couvercle, décoré de deux médaillons à paysages sur fond jaune. Porcelaine de Berlin.

7 — Deux plats octogones de forme longue, décorés de fleurs et d'insectes. Porcelaine de Berlin.

8 — Deux assiettes à bords ajourés, décorées de fleurs sur fond simulant la vannerie. Porcelaine de Berlin.

9 — Deux assiettes décorées de fleurs, bordure ornée de hachures en rose. Porcelaine de Berlin.

10 — Grande cafetière avec couvercle, décorée d'oiseaux sur des arbustes avec bordure imbriquée rose. Porcelaine de Berlin.

11 — Cafetière avec couvercle, décor de médaillons contenant divers volatiles et encadrés de dorure. Porcelaine de Berlin.

12 — Deux petits bustes : Oriental et Bacchant, sur pied rehaussé de dorure. Porcelaine de Berlin.

13 — Groupe en porcelaine de Berlin : Montreur de diorama.

14 — Deux statuettes : Adolescent tenant une chèvre à laquelle il fait jouer de la musette, et jeune paysan debout portant une tasse. Ancienne porcelaine de Berlin.

15 — Pot a lait, décoré de petites réserves à sujets champêtres en camaïeu orange se détachant sur un fond gaufré simulant des branchages. Ancienne porcelaine de Berlin.

16 — Bol en ancienne porcelaine de Berlin, décoré au pourtour de fleurs et d'oiseaux sur des arbustes avec bordure imbriquée bleu.

17 — Trois figurines en biscuit de Berlin : Vertumne, Esculape et Proserpine.

18 — Tasse avec couvercle et présentoir, en ancienne porcelaine de Fulda. La tasse présente un médaillon ovale contenant un joueur de luth auprès d'une femme, dans un paysage.

19 — Deux salières ovales, décorées de fleurs et d'insectes. Ancienne porcelaine de Fulda.

20 — Soupière ovale sur quatre petits pieds, avec couvercle et à deux anses mascarons, en ancienne porcelaine de Hoechst, décor de petits paysages animés, encadrés de rocailles.

21 — Cache-pot, décoré de fleurs, muni de deux anses à rocailles, bordure dorée à filets bleus. Ancienne porcelaine de Nymphenbourg.

22 — Théière et sucrier rond avec couvercles, quatre tasses, quatre soucoupes et un bol, à décor d'oiseaux dans des paysages. Ancienne porcelaine de Nymphenbourg.

23 — Flacon a thé avec couvercle, en ancienne porcelaine de Nymphenbourg, à décor de branches fleuries polychromes en léger relief.

24 — Cafetière avec couvercle, décorée de petits paysages animés et de fleurs en camaïeu rose. Ancienne porcelaine de Louisbourg.

25 — Tasse à deux anses avec couvercle et présentoir, en ancienne porcelaine de Frankenthal, décor de personnages en camaïeu rose.

26 — Pot a lait et cafetière avec couvercle, à décor de médaillons contenant des personnages en camaïeu brun. Ancienne porcelaine de Frankenthal.

27 — Deux salières quadrilobées, décorées de fleurs, en ancienne porcelaine de Frankenthal.

28 — Grande cafetière sur trois petits pieds et avec couvercle, décorée d'un groupe de personnages dans un jardin orné de pièces d'eau et de statues. Ancienne porcelaine de Frankenthal.

29 — Grosse théière sphérique avec couvercle, décorée de grands groupes de personnages dans des paysages. Ancienne porcelaine de Frankenthal. Anse en cuivre et bois.

30 — Théière avec couvercle, décorée sur fond lie de vin de médaillons contenant des volatiles. Ancienne porcelaine de Frankenthal.

31 — Cafetière avec couvercle, décorée d'un grand groupe à sujet galant dans un parc, avec bouquet de fleurs près de l'anse. Ancienne porcelaine de Frankenthal.

32 — Deux soucoupes décorées de grands personnages dans des barques, Ancienne porcelaine de Frankenthal.

33 — Petite théière avec couvercle, tasse et soucoupe, petit plateau ovale et grand plateau à bords contournés, muni de deux anses; décor de sujets galants dans des paysages, avec encadrement doré. Porcelaine de Vienne.

34 — Assiette ornée au fond d'un large compartiment contenant une femme et un amour auprès d'un vase de fleurs, marli à quatre compartiments contenant des animaux en dorure. Porcelaine de Vienne.

35 — Cafetière avec couvercle à décor de fleurs. Ancienne porcelaine de Vienne.

36 — Théière, sucrier, pot à lait avec couvercle, quatre tasses et quatre soucoupes en ancienne porcelaine de Vienne, à décor de petits paysages animés avec bordure à large filet bleu enguirlandé de feuillages dorés.

PORCELAINES DE SAXE

37 — Petit monument funéraire composé d'une pyramide sur une base portant l'inscription : *Viro immortali Gellert sacrum*, et ornée de deux figures allégoriques. Ancienne porcelaine blanche de Saxe, rehaussée de dorure.

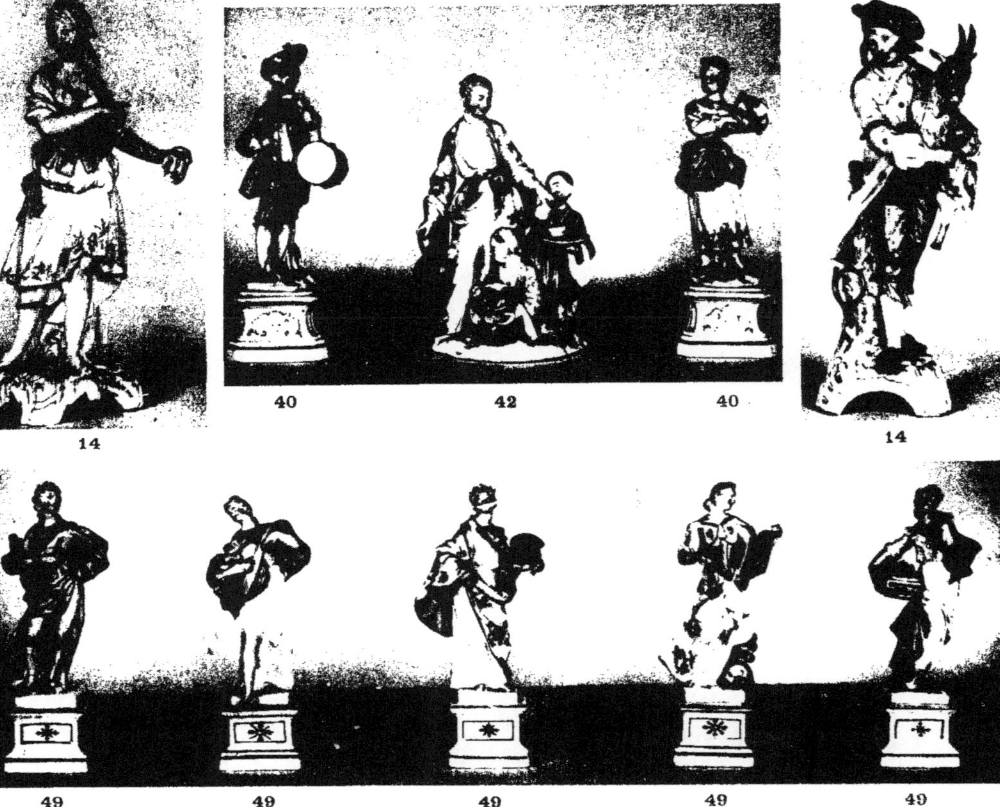
14
40
42
40
14
49
49
49
49
49

38 — Figurine d'amour costumé en pèlerin, coiffé d'un grand tricorne. Ancienne porcelaine de Saxe.

39 — Figurine d'amour nu, debout et se cachant derrière un masque. Ancienne porcelaine de Saxe.

40 — Deux figurines : jeune garçon portant un tambourin et soufflant dans une musette, et fillette jouant du triangle. Pied rehaussé de dorure avec mascarons. Ancienne porcelaine de Saxe.

41 — Deux statuettes : marchand de raisin et jeune femme debout, tenant un cahier de musique. Ancienne porcelaine de Saxe. Base en bronze doré.

42 — Petit groupe : jeune femme accompagnée de deux enfants vêtus à la chinoise. Ancienne porcelaine de Saxe.

43 — Figurine de Bacchus debout sur un petit piédestal rehaussé de dorure. Ancienne porcelaine de Saxe.

44 — Petit buste de Cérès sur un petit piédestal rehaussé de dorure. Ancienne porcelaine de Saxe.

45 — Figurine de paysan debout, coiffé d'une toque de velours et tenant un bâton. Ancienne porcelaine de Saxe.

46 — Figurine d'amour tenant une broche sur laquelle est enfilé un gigot. Ancienne porcelaine de Saxe.

47 — Figurine de paysanne debout, portant une hotte. Ancienne porcelaine de Saxe.

48 — Figurine de jeune femme debout, vêtue à l'orientale. Ancienne porcelaine de Saxe.

49 — CINQ FIGURINES : Apollon et quatre muses debout sur de petites bases rehaussées de dorure. Ancienne porcelaine de Saxe.

50 — STATUETTE DE MINERVE assise sur un trône composé d'ornements à rocailles. Ancienne porcelaine de Saxe.

Haut., 27 cent.

51 — STATUETTE de bacchant dansant, le dos couvert de la dépouille d'un cerf. Ancienne porcelaine de Saxe.

52 — STATUETTE de singe costumé tenant sur le dos deux tambourins. Ancienne porcelaine de Saxe.

53 — DEUX FIGURINES représentant Jupiter et Neptune, debout sur des bases carrées. Ancienne porcelaine de Saxe.

54 — QUATRE STATUETTES personnifiant les saisons sous les traits de personnages en tenant les attributs. Ancienne porcelaine de Saxe.

Haut., 23 cent.

55 — DEUX STATUETTES : moine et religieuse, debout, en ancienne porcelaine de Saxe.

56 — GROUPE composé d'un jeune garçon et d'une fillette auprès d'une chèvre et personnifiant l'été et l'automne. Ancienne porcelaine de Saxe.

57 — STATUETTE de vieillard ailé personnifiant le Temps et tenant un porte-montre encadré de rocailles. Ancienne porcelaine de Saxe.

58 — PETIT GROUPE composé d'une nymphe lutinée par un satyre. Ancienne porcelaine de Saxe.

59 — STATUETTE de fleuve assis sur un tertre et s'apppuyant à un vase renversé. Ancienne porcelaine de Saxe.

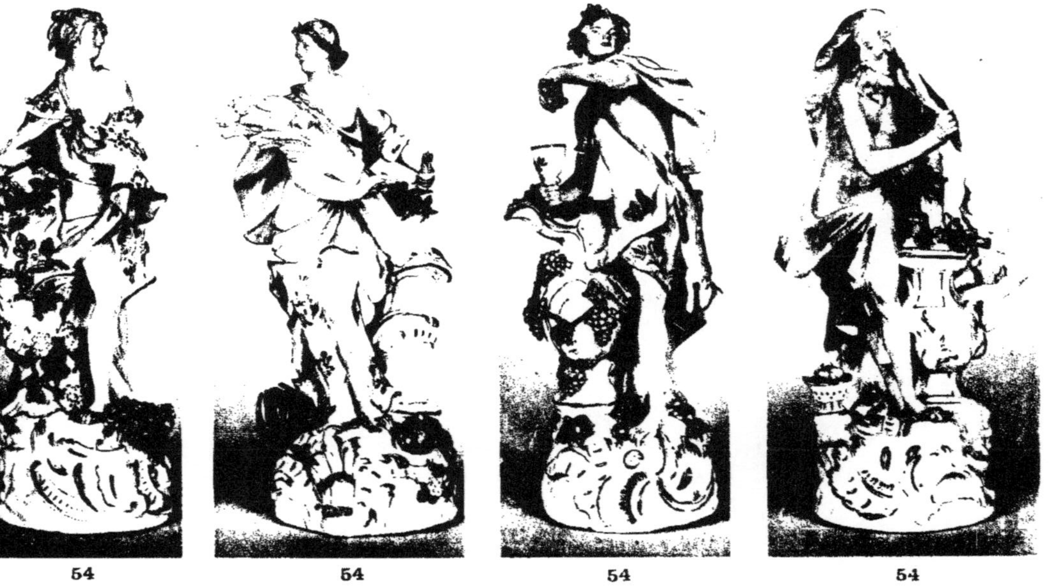

54 54 54 54

60 — Figurine en biscuit de Saxe : jeune paysan debout tenant de la main droite un panier.

61 — Deux statuettes de fillettes debout jouant, l'une de la harpe, l'autre de la musette. Ancienne porcelaine de Saxe.

62 — Écuelle avec couvercle et présentoir décorée de fleurs, bordure gaufrée. Bouton de couvercle en forme de branche fleurie. Ancienne porcelaine de Saxe.

63 — Petit vase à anses formées de deux oiseaux, décor de fleurettes en camaïeu vert. Ancienne porcelaine de Saxe.

64 — Écuelle à deux anses avec couvercle et présentoir, décorée sur fond imbriqué rose de réserves contenant des paysages animés, intérieur doré. Ancienne porcelaine de Saxe.

65 — Corbeille ovale avec couvercle simulant la vannerie et ornée de médaillons quadrilobés contenant des personnages sur fond de paysages. Ancienne porcelaine de Saxe.

66 — Écuelle à anses branchages avec couvercle et présentoir, en ancienne porcelaine de Saxe, décorée de sujets galants dans de petits paysages.

67 — Grand gobelet avec couvercle à décor de personnages de style chinois, bordure de feuillages et de fleurons, gaufrée sous couverte et rehaussée de dorure. Ancienne porcelaine de Saxe.

68 — Écuelle à deux anses avec couvercle et présentoir, décor d'oiseaux et de fleurettes. Ancienne porcelaine de Saxe.

69 — Petit panier rectangulaire à anses branchages, décoré de fleurs sur fond gaufré à l'imitation de la vannerie. Ancienne porcelaine de Saxe.

70 — Écuelle avec plateau à bords ajourés et couvercle, décorée sur fond imbriqué rose de réserves contenant des groupes d'oiseaux; anses branchages. Ancienne porcelaine de Saxe.

71 — Bourdaloue orné d'un groupe de personnages dans des paysages. Ancienne porcelaine de Saxe.

72 — Trois grands plats ronds à bords festonnés accompagnés de leurs cloches en ancienne porcelaine de Saxe, à décor de fruits et de fleurs polychromes avec marli gaufré sous couverte. Les boutons des cloches sont formés d'une rose, d'un citron et d'un artichaut.

73 — Écuelle avec plateau et couvercle décorée de réserves à fond doré contenant des paysages animés et reliées par des fleurs polychromes et des rinceaux dorés. Ancienne porcelaine de Saxe.

74 — Coupe décorée de sujets galants dans des paysages. Ancienne porcelaine de Saxe. Base en argent doré.

75 — Écuelle avec plateau à bords ajourés et couvercle, décorée sur fond imbriqué bleu de réserves contenant des fruits et des fleurs; anses branchages. Ancienne porcelaine de Saxe.

76 — Cuiller, couteau et fourchette en ancienne porcelaine de Saxe, à décor de fleurs; dans un écrin en cuir doré du xviiie siècle.

77 — Petite écuelle à deux anses avec couvercle et présentoir, décorée sur fond imbriqué bleu de réserves contenant des fleurs. Ancienne porcelaine de Saxe.

78 — Deux vases quadrilobés avec soucoupes, en ancienne porcelaine de Saxe, à décor de réserves contenant des vues de ports de mer et se détachant sur fond rose.

79 — Petite écuelle à deux anses avec couvercle et présentoir, décorée sur fond imbriqué bleu de réserves contenant des groupes d'oiseaux. Ancienne porcelaine de Saxe.

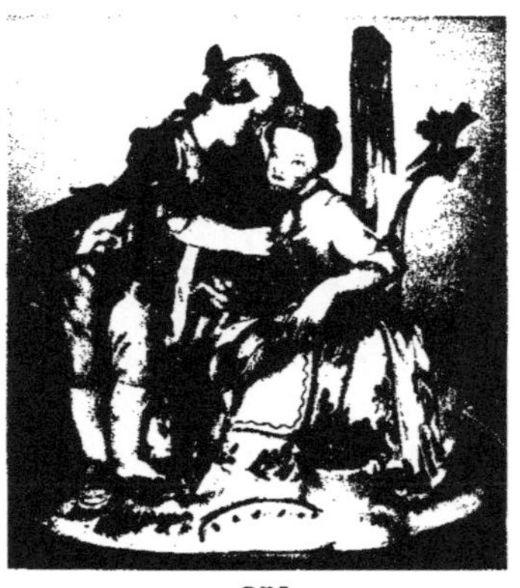
359

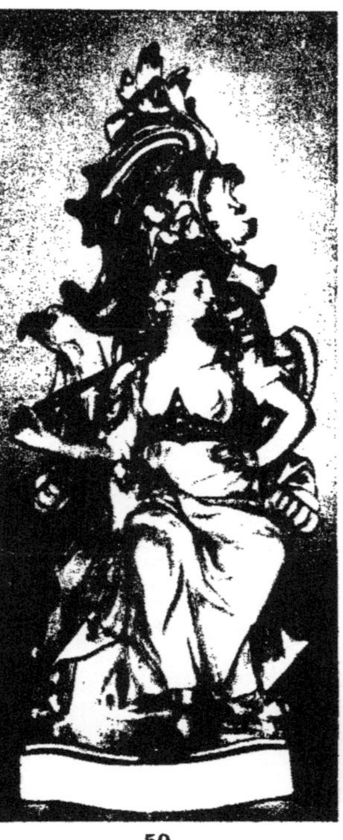
50

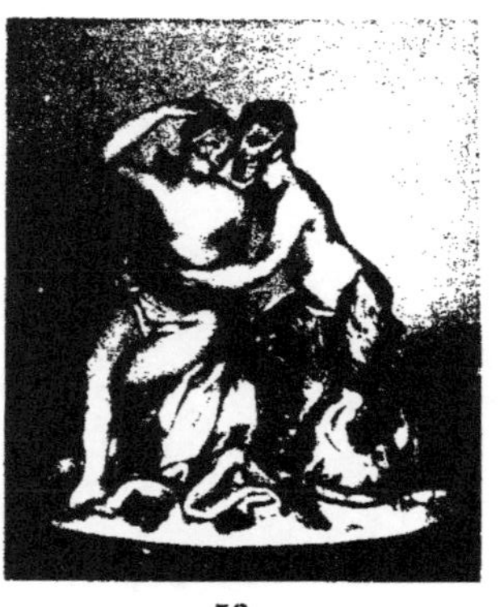
58

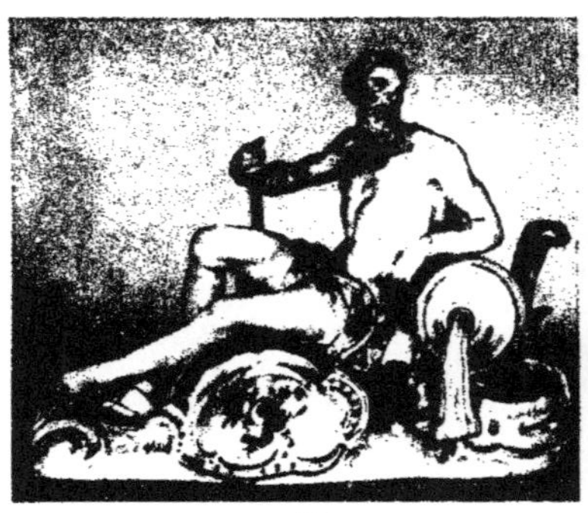
59

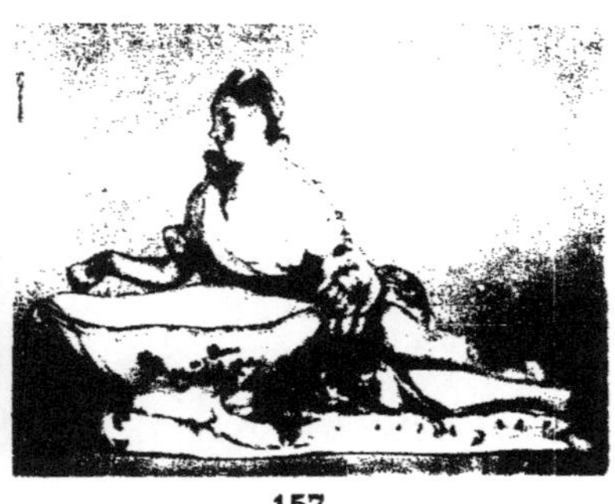
157

80 — Petite corbeille ovale à décor de fleurs sur fond simulant l'osier. Ancienne porcelaine de Saxe.

81 — Vase avec couvercle, décoré de réserves à paysages maritimes sur fond bleu pâle : culot orné de compartiments à sujets maritimes également, en camaïeux rose et orange alternés. Ancienne porcelaine de Saxe.

82 — Deux couteaux à manche d'ancienne porcelaine de Saxe, décor de fleurs.

83 — Tasse et soucoupe en ancienne porcelaine de Saxe, à décor de personnages sur fond de verdure ; bordure imbriquée bleu.

84 — Tasse et soucoupe en ancienne porcelaine de Saxe, décor de paysages animés ; bordure de dentelle dorée.

85 — Deux tasses avec soucoupes en ancienne porcelaine de Saxe, à décor de sujets chinois ; bordure de dentelle dorée.

86 — Théière avec couvercle en ancienne porcelaine de Saxe, à décor de branches fleuries en relief, réservées en blanc sur fond jaune citron.

87 — Tasse et soucoupe en ancienne porcelaine de Saxe, à décor de sujets chinois avec armoiries supportées par deux lions sur la tasse.

88 — Tasse et soucoupe en ancienne porcelaine de Saxe, décorées, sur fond imbriqué bleu, de compartiments rayonnants contenant chacun un sujet galant dans un paysage.

89 — Tasse et soucoupe en ancienne porcelaine de Saxe, à décor de personnages chinois dans des réserves quadrilobées et avec bordure dorée.

90 — Flacon à thé avec couvercle, en ancienne porcelaine de Saxe, décoré, sur fond vert pâle, de réserves quadrilobées contenant des bouquets de fleurs.

91 — Flacon à thé avec couvercle, en ancienne porcelaine de Saxe, décoré sur chaque face d'un personnage encadré de rocailles.

92 — Théière avec couvercle en ancienne porcelaine de Saxe, décorée sur fond vert pâle de deux réserves quadrilobées contenant des fleurs.

93 — Tasse et soucoupe en ancienne porcelaine de Saxe, à décor de sujets galants dans des paysages, avec étroite bordure dorée.

94 — Tasse et soucoupe en ancienne porcelaine de Saxe, décor de paysages animés encadrés d'entrelacs dorés.

95 — Deux tasses avec soucoupes en ancienne porcelaine de Saxe, à décor de sujets galants dans des paysages ; étroite bordure dorée.

96 — Flacon à thé avec couvercle, en ancienne porcelaine de Saxe, à décor de sujets militaires en camaïeu carmin, avec encadrement de rocailles dorées.

97 — Flacon à thé avec couvercle, en ancienne porcelaine de Saxe, décor de paysages maritimes.

98 — Flacon à thé avec couvercle, en ancienne porcelaine de Saxe, décoré de paysages animés en camaïeu carmin, avec encadrement de dentelle dorée.

99 — Bol campanulé en ancienne porcelaine de Saxe, décoré de deux médaillons contenant des paysages chinois et séparés par des fleurs. A l'intérieur, un personnage chinois assis auprès d'une table.

100 — Petite théière avec couvercle, en ancienne porcelaine de Saxe, décorée de bouquets de fleurs. Bordure imbriquée rose.

101 — Petite théière avec couvercle, en ancienne porcelaine de Saxe, décorée de médaillons quadrilobés contenant chacun un paysage animé ; déversoir simulant une tête d'oiseau.

102 — Coupe quadrilobée en ancienne porcelaine de Saxe, décorée au fond d'un petit paysage et au pourtour de deux réserves quadrilobées contenant des paysages animés et se détachant sur fond jaune citron.

103 — Bol en ancienne porcelaine de Saxe, décoré, à l'intérieur, d'un paysage animé d'une figure de la Comédie italienne et, à l'extérieur, de deux réserves quadrilobées à sujets galants se détachant sur fond lie-de-vin.

104 — Petite théière avec couvercle, en ancienne porcelaine de Saxe, decorée d'une haie fleurie et d'un tigre sur fond cotelé.

105 — Bol en ancienne porcelaine de Saxe, décoré de deux paysages contenant, l'un, deux jeunes femmes et un personnage de la Comédie italienne, l'autre, un sujet galant ; au fond, des fleurs.

106 — Bol en ancienne porcelaine de Saxe, décoré, au pourtour, d'un paysage animé de nombreux personnages interrompu par un écusson d'armoiries ; au fond, un autre paysage en camaïeu violet.

107 — Bol décoré de deux larges paysages en camaïeu violet, encadrés de dentelle dorée. Ancienne porcelaine de Saxe.

108 — Tasse et soucoupe quadrilobées, en ancienne porcelaine de Saxe, décorées, sur fond doré, de réserves contenant des paysages maritimes.

109 — Deux tasses avec soucoupes, à décor de personnages dans des paysages, étroite bordure dorée. Ancienne porcelaine de Saxe.

110 — Gros flacon à thé avec bouchon, orné d'animaux et de fleurs sur fond à nervures verticales. Ancienne porcelaine de Saxe.

111 — Sucrier quadrilobé avec couvercle, orné de compartiments à sujets galants sur fond de paysage, alternant avec des compartiments à fleurs sur fond jaune. Ancienne porcelaine de Saxe.

112 — Flacon à thé avec couvercle, orné de compartiments à paysages animés alternant avec des compartiments imbriqués bleu. Ancienne porcelaine de Saxe.

113 — Cafetière avec couvercle, décorée de compartiments à fleurs alternant avec des compartiments jaunes également fleuris. Ancienne porcelaine de Saxe.

114 — Cafetière avec couvercle, décorée de personnages dans des paysages ainsi que de fleurs. Ancienne porcelaine de Saxe. Monture en argent.

115 — Grande cafetière avec couvercle, ornée de larges fleurs et de fruits. Ancienne porcelaine de Saxe. Monture en argent de travail anglais.

116 — Grande cafetière avec couvercle, décor de paysages animés à sujets galants ; large bordure de col imbriquée bleu. Porcelaine de Saxe.

117 — Sucrier rond avec couvercle, décor de paysages maritimes. Bouton de couvercle en forme de branche fleurie. Ancienne porcelaine de Saxe.

118 — Sucrier rond avec couvercle, orné de personnages dans de petits paysages. Ancienne porcelaine de Saxe.

119 — Tasse quadrilobée avec soucoupe, décorée sur fond doré de réserves contenant des paysages animés. Ancienne porcelaine de Saxe.

120 — Tasse quadrilobée avec soucoupe, décorée de compartiments alternés contenant des paysages animés, et des fleurs en bleu sur fond doré. Ancienne porcelaine de Saxe.

121 — Deux tasses quadrilobées de forme haute avec soucoupes, décorées de compartiments contenant des fleurs alternant avec des compartiments à fond jaune contenant également des fleurs. Ancienne porcelaine de Saxe.

122 — Deux tasses quadrilobées de forme haute avec soucoupes, décorées de compartiments contenant des fleurs alternant avec des compartiments à fond jaune contenant également des fleurs. Ancienne porcelaine de Saxe.

123 — Théière avec couvercle, décorée de personnages dans des parcs, avec encadrements de rocailles dorées. Ancienne porcelaine de Saxe.

124 — Sucrier surbaissé de forme ovale avec couvercle, décoré de paysages en grisaille ; encadrements et bordures en dorure rehaussée de rose. Ancienne porcelaine de Saxe.

125 — Tasse avec soucoupe, décorée sur fond rose de sujets galants dans des paysages. Ancienne porcelaine de Saxe.

126 — Deux tasses et soucoupes décorées de paysages à sujets de chasse en camaïeu rose avec fleurettes polychromes. Ancienne porcelaine de Saxe.

127 — FLACON A THÉ forme balustre orné d'un sujet galant en camaïeu vert, encadrements à rocailles gaufrées sous couverte. Ancienne porcelaine de Saxe.

128 — DEUX TASSES avec soucoupes en ancienne porcelaine de Saxe décorées de combats de cavaliers en camaïeu rose dans des encadrements dorés.

129 — FLACON A THÉ, avec bouchon, à six pans, en ancienne porcelaine de Saxe, décoré de personnages chinois.

130 — FLACON A THÉ avec couvercle en ancienne porcelaine de Saxe, décor de paysages sur chaque face avec armoiries sur les deux faces principales.

131 — FLACON A THÉ avec couvercle en ancienne porcelaine de Saxe, décoré sur chaque face de personnages dans un paysage.

132 — CHOCOLATIÈRE avec couvercle décorée sur fond bleu de deux grandes réserves contenant des personnages animés. Porcelaine de Saxe.

133 — DEUX PETITES BOITES lenticulaires décorées de fleurs et d'insectes. Ancienne porcelaine de Saxe.

134 — POT A LAIT avec couvercle décoré de groupes d'oiseaux. Ancienne porcelaine de Saxe.

135 — POT A LAIT avec couvercle décoré de réserves contenant des paysages animés et se détachant sur fond jaune clair. Ancienne porcelaine de Saxe.

136 — GROSSE THÉIÈRE avec couvercle décorée de paysans jouant, dans la manière de Téniers. Ancienne porcelaine de Saxe.

137 — Moutardier avec couvercle surmonté d'un escargot, décor de fleurs, fond simulant l'osier. Ancienne porcelaine de Saxe.

138 — Sucrier ovale de forme surbaissée avec couvercle, en ancienne porcelaine de Saxe, décoré de vues de ports de mer. Bordure de dentelle dorée.

139 — Sucrier quadrilobé de forme surbaissée avec couvercle, décoré de vues de ports de mer en camaïeu rose sur fond bleu pâle. Ancienne porcelaine de Saxe.

140 — Soupière ovale avec couvercle et plateau reposant sur quatre pieds et munis de deux anses, décor de monogrammes couronnés, de fleurs et d'insectes. Bouton de couvercle formé d'une figurine d'enfant vidant une corbeille de fleurs. Ancienne porcelaine de Saxe.

141 — Chocolatière avec couvercle, décorée d'un paysage animé, avec vues de ports de mer. Ancienne porcelaine de Saxe.

142 — Deux tasses avec soucoupes, décorées d'un personnage encadré de rocailles. Ancienne porcelaine de Saxe.

143 — Théière avec couvercle et tasse avec soucoupe, décorées de réserves contenant des oiseaux et se détachant sur fond imbriqué bleu. Ancienne porcelaine de Saxe.

144 — Deux tasses avec soucoupes décorées de fleurs et d'insectes. Ancienne porcelaine de Saxe.

145 — Poêlon avec couvercle et sur trois pieds, décor de fleurs. Ancienne porcelaine de Saxe.

146 — Chocolatière avec couvercle, décor de fleurs. Ancienne porcelaine de Saxe.

147 — Deux salières rondes sur quatre pieds, avec anses en forme de têtes de femmes en ronde-bosse ; décor de fleurs et oiseaux. Ancienne porcelaine de Saxe.

148 — Deux tasses avec soucoupes, décorées de sujets galants dans des paysages. Bordure de dentelle dorée. Ancienne porcelaine de Saxe.

149 — Théière avec couvercle, décorée de sujets chinois, ainsi que de fleurs ; mascaron au bas du déversoir. Ancienne porcelaine de Saxe, portant la marque *K. P. M.* (manufacture royale de porcelaine).

150 — Pot a lait décoré d'un berger et de brebis. Ancienne porcelaine de Saxe.

151 — Deux tasses avec soucoupes décorées de fleurs et d'insectes Bordure gaufrée. Ancienne porcelaine de Saxe.

152 — Moutardier avec couvercle et présentoir, décoré de fleurs sur fond jaune. Ancienne porcelaine de Saxe.

153 — Deux tasses avec soucoupes, en ancienne porcelaine de Saxe à décor de sujets galants sur fond de verdure. Bordure de dentelle dorée.

154 — Deux tasses avec soucoupes à décor d'armoiries dans un encadrement doré et sur fond de paysage. Ancienne porcelaine de Saxe.

155 — Deux tasses avec leurs soucoupes en ancienne porcelaine de Saxe à décor de sujets galants encadrés de rocailles en dorure.

156 — Cafetière et pot à lait avec couvercles, en ancienne porcelaine de Saxe à décor de fleurs et de fruits, avec col imbriqué bleu.

157 — Salière ornée d'une statuette de femme étendue, les jambes nues. Ancienne porcelaine de Saxe.

158 — Cafetière avec couvercle, à décor de réserves contenant des paysages animés et encadrées de dorure. Déversoir doré. Ancienne porcelaine de Saxe.

159 — Compotier, forme coquille, décoré de fruits et de fleurs, en ancienne porcelaine de Saxe.

160 — Petit plateau lobé, orné d'une jeune femme assise dans un paysage ; bordure imbriquée rose. Ancienne porcelaine de Saxe.

161 — Petit plateau lobé, orné de deux personnages dans un paysage, bordure de dentelle dorée. Ancienne porcelaine de Saxe.

162 — Saladier à bords contournés, décoré, à l'intérieur, de fleurs polychromes, à l'extérieur, de guirlandes de fleurs, les unes gaufrées sous couverte, les autres en couleurs. Ancienne porcelaine de Saxe. Pied en bronze.

163 — Sucrier rond avec couvercle, décoré de groupes de personnages sur fond de verdure. Bordure de dentelle dorée. Bouton de couvercle en forme de fleurs. Ancienne porcelaine de Saxe.

164 — Moutardier en forme de tonnelet, avec couvercle, décoré de papillons, de fruits et d'insectes. Ancienne porcelaine de Saxe.

165 — Théière, pot à lait et sucrier avec couvercles, petite coupe, six tasses et six soucoupes, décor d'animaux costumés et de rocailles. Ancienne porcelaine de Saxe.

166 — Deux salières ovales, décorées de fleurs en camaïeu rose. Ancienne porcelaine de Saxe.

167 — Pot a lait, décoré d'amours en camaïeu rose. Porcelaine de Saxe.

168 — Petit pot a lait avec couvercle, décor de groupes de personnages dans des paysages encadrés de motifs dorés. Ancienne porcelaine de Saxe.

169 — Tasse à deux anses avec couvercle et présentoir à galerie, décorée de sujets galants en camaïeu rose avec bordure verte à quadrillés. Ancienne porcelaine de Saxe.

170 — Poêlon avec couvercle, décor de fleurs avec bordure gaufrée simulant la vannerie. Ancienne porcelaine de Saxe.

171 — Grosse théière avec couvercle et présentoir, décor de sujets galants en camaïeu rose sur fond de paysage. Ancienne porcelaine de Saxe.

172 — Sucrier bas oblong à pans coupés avec couvercle, décor de sujets chinois. Ancienne porcelaine de Saxe, avec la marque : *K. P. M.* (Manufacture royale de porcelaine.)

173 — Théière avec couvercle à décor de grosses fleurs. Bordure de dentelle dorée, déversoir en forme de tête chimérique. Ancienne porcelaine de Saxe.

174 — Théière de forme ovale avec couvercle, décorée de deux réserves quadrilobées contenant chacune un paysage animé et se détachant sur fond bleu pâle. Ancienne porcelaine de Saxe.

175 — Grande cafetière avec un couvercle : paysage animé, feuillages au déversoir. Ancienne porcelaine de Saxe.

176 — Grande cafetière avec couvercle, décorée de trophées d'armes et d'instruments de musique. Bordure imbriquée rouge. Ancienne porcelaine de Saxe.

177 — Sucrier rond avec couvercle, décoré de fleurs sur fond doré. Ancienne porcelaine de Saxe.

178 — Flacon a thé avec couvercle, décoré de fleurs sur fond doré. Ancienne porcelaine de Saxe.

179 — Crachoir décoré de fleurs, en ancienne porcelaine de Saxe.

180 — Assiette décorée d'un gros oiseau au centre; sur le marli, d'autres oiseaux et des guirlandes de fleurs. Ancienne porcelaine de Saxe.

181 — Flacon a thé quadrilobé avec couvercle, décor sur fond rose violacé de deux réserves quadrilobées à sujets maritimes. Ancienne porcelaine de Saxe.

182 — Sucrier rond avec couvercle, orné de sujets galants dans des paysages. Bouton de couvercle en forme de fleur. Ancienne porcelaine de Saxe.

183 — Moutardier avec couvercle et à anses branchages, décor d'oiseaux sur des arbustes et d'insectes. Ancienne porcelaine de Saxe.

184 — Sucrier rond avec couvercle, décoré de groupes d'oiseaux dans des paysages encadrés de rocailles dorées. Ancienne porcelaine de Saxe.

185 — Cafetière et sucrier ovale avec couvercles, à décor de personnages chinois. Ancienne porcelaine de Saxe. Le sucrier porte la marque de la Manufacture royale de porcelaine.

186 — Théière avec couvercle, décorée de deux paysages en grisaille, encadrés de rose et d'or, et séparés par des chrysanthèmes en camaïeu rose. Ancienne porcelaine de Saxe.

187 — Assiette décorée de grands oiseaux; au marli, des insectes. Porcelaine de Saxe Marcolini.

188 — Grande tasse à une anse et sucrier avec couvercles, à décor de réserves contenant des fleurs et se détachant sur fond marron. Porcelaine de Saxe Marcolini.

189 — Tasse cylindrique avec couvercle et soucoupe, décorée d'un médaillon présentant une scène de sacrifice. Sur la soucoupe, l'inscription : *Offrande à l'amitié*. Fond bleu caillouté. Porcelaine de Saxe Marcolini.

190 — Tasse et soucoupe, à décor de fleurs dans des médaillons, se détachant sur fond bleu. Porcelaine de Saxe.

PORCELAINES DE SÈVRES
ET DE VINCENNES

191 — Deux grands cache-pots décorés d'oiseaux et de plantes, anses à rocailles, bordures à filets bleus. Ancienne porcelaine tendre de Vincennes.

192 — Tasse trembleuse à deux anses avec son présentoir, décor de lauriers suspendus entre des groupes de rayures roses enguirlandées d'or. Ancienne porcelaine tendre de Sèvres, année 1764.

193 — Tasse trembleuse avec couvercle et présentoir, décorée de médaillons contenant des oiseaux et des arbustes et se détachant sur fond rose à œil-de-perdrix. Ancienne porcelaine tendre de Sèvres, année 1765.

194 — Cafetière décorée d'une large réserve contenant deux oiseaux et un arbuste et se détachant sur fond bleu turquoise semé de pois dorés. Ancienne porcelaine tendre de Sèvres, année 1768. Monture en argent doré.

[illegible]

[illegible]

[illegible]

[illegible]

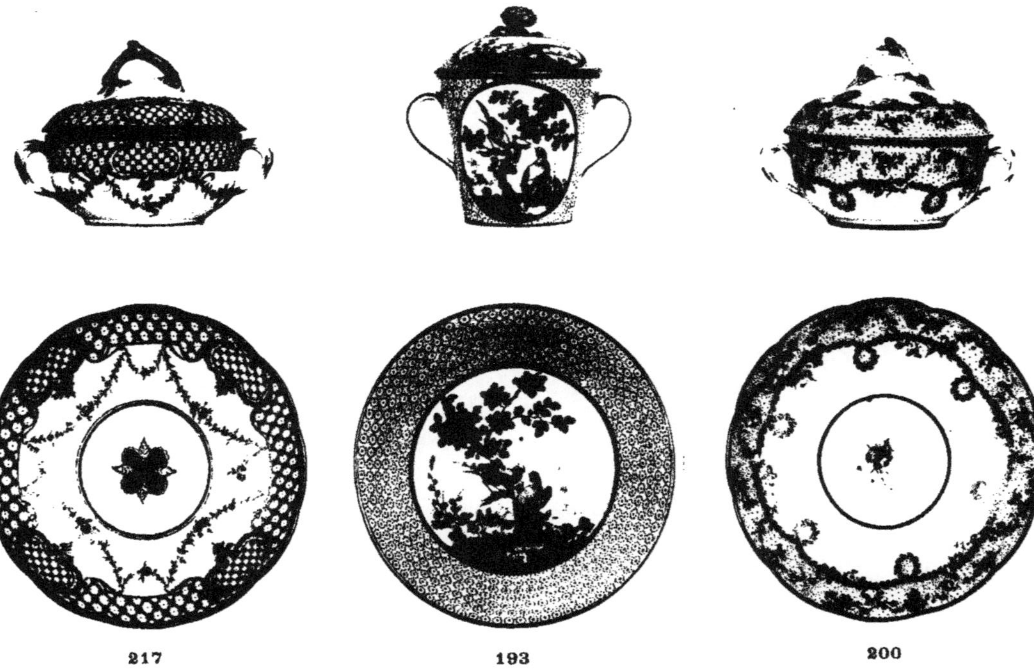

217 193 200

195 — Tasse et soucoupe ornées d'un semis de rosaces bleues avec rehauts d'or, séparées par des roses et des guirlandes de lauriers. Ancienne porcelaine tendre de Sèvres, année 1769. Décor par Tandart.

196 — Tasse trembleuse avec présentoir, décorée d'un quinconce de petites rosaces dans un quadrillage de feuilles. Ancienne porcelaine tendre de Sèvres, année 1770.

197 — Deux pots à sorbets ornés sur fond vert de réserves contenant des fleurs. Ancienne porcelaine tendre de Sèvres, année 1771, décor par Viellard.

198 — Pot a lait décoré d'un médaillon contenant un amour jouant de la lyre en camaïeu rose et se détachant sur fond bleu caillouté or. Ancienne porcelaine tendre de Sèvres, année 1773.

199 — Tasse droite et soucoupe ornées de corbeilles de fleurs ainsi que de guirlandes. Ancienne porcelaine tendre de Sèvres, année 1775. Décor par Niquet.

200 — Écuelle avec couvercle et présentoir ornée de bordures à œils-de-perdrix chargées de fleurs. Ancienne porcelaine tendre de Sèvres, année 1780. Décor par Taillandier.

201 — Tasse trembleuse avec couvercle et présentoir, ornée sur fond noir de médaillons contenant des sujets de style antique en camaïeu rose et séparés par des thyrses. Ancienne porcelaine tendre de Sèvres, année 1782. Décor par Boucot.

202 — Assiette ornée au centre d'un petit bouquet de fleurs et au marli de six médaillons contenant chacun une rose et reliés par des fleurettes. Ancienne porcelaine tendre de Sèvres, année 1784. Décor par Buteux aîné.

203 — **Assiette** ornée au centre de deux roses et au marli de petits bouquets de fleurs variées alternant avec des roses. Ancienne porcelaine tendre de Sèvres, année 1784. Décor par Huny, dorure par Prévost.

204 — **Assiette** ornée au centre de roses et au marli de fleurettes ainsi que de médaillons contenant des branches et encadrés de perles simulées. Ancienne porcelaine tendre de Sèvres, année 1784.

205 — **Tasse** droite et soucoupe, à décor de bacchants en dorure sur fond bleu de roi. Ancienne porcelaine tendre de Sèvres, année 1784.

206 — **Salière** ovale décorée de fleurettes avec bordures haut et bas à fond rougeâtre. Ancienne porcelaine tendre de Sèvres, année 1784.

207 — **Deux cache-pots** ornés chacun d'une zone à entrelacs et fleurettes interrompue par des médaillons à fond bleu contenant chacun une rose. Ancienne porcelaine tendre de Sèvres, année 1785. Décor par Massy.

208 — **Tasse** droite avec soucoupe à décor d'oiseaux, fond quadrillé bleu chargé de petites rosaces en vert et or. Ancienne porcelaine tendre de Sèvres, année 1789. Décor par Huny.

209 — **Assiette** ornée, au centre, de fleurs entourées de perles simulées, marli présentant des guirlandes entre deux rangées de perles simulées. Ancienne porcelaine tendre de Sèvres, année 1790. Décor par Tandard, dorure par Prévost.

210 — **Assiette** ornée, au centre, d'une perruche au milieu de plantes. Marli vert a œils-de-perdrix. Ancienne porcelaine tendre de Sèvres, année 1793, avec l'inscription au revers : petite perruche de l'île Saint-Thomas. Décor par Taillandier.

211 — Compotier forme coquille, décoré d'un bouquet de fleurs au centre et d'une bordure de pensées dans des entrelacs. Ancienne porcelaine tendre de Sèvres.

212 — Tasse droite et soucoupe, à décor de bouquets. Fond à carrelage vert et jaune entremêlé d'œils-de-perdrix. Ancienne porcelaine tendre de Sèvres.

213 — Écuelle avec couvercle et présentoir, décor de réserves dorées contenant des groupes de personnages polychromes et se détachant sur un fond chargé de rocailles. Ancienne porcelaine tendre de Sèvres.

214 — Tasse trembleuse avec présentoir, décorée de fraises semées au milieu de feuillages. Ancienne porcelaine tendre de Sèvres, décor par Le Guay.

215 — Pot a lait décoré sur fond vert de bandes ondulées bleu marbré. Ancienne porcelaine tendre de Sèvres.

216 — Pot a lait orné d'un médaillon contenant trois couronnes de fleurs et lauriers et se détachant sur fond bleu chargé de chevrons dorés. Ancienne porcelaine tendre de Sèvres.

217 — Écuelle avec couvercle et plateau, décorée de bordures à quadrillages en bleu et or interrompus par des réserves à quadrillés dorés encadrées de rocailles. Ancienne porcelaine tendre de Sèvres.

218 — Tasse et soucoupe, ornées de guirlandes de fleurs en camaïeu bleu avec bordures à œils-de-perdrix roses. Ancienne porcelaine tendre de Sèvres, décor par Taillandier.

219 — Pot a lait décoré d'un médaillon contenant des fleurs et des raisins et se détachant sur fond bleu. Ancienne porcelaine tendre de Sèvres.

220 — Assiette ornée au centre d'un bouquet de roses et au marli de roses semées et de guirlandes de lauriers. Ancienne porcelaine tendre de Sèvres.

221 — Sucrier avec couvercle, à décor de motifs marrons sur fond jaunâtre. Porcelaine de Sèvres. Époque Restauration.

PORCELAINES VARIÉES

222 — Groupe composé d'un bacchant et d'une bacchante occupés à boire au pied d'un arbre, sur lequel sont grimpés deux amours bacchants. Ancienne porcelaine tendre française.

223 — Pot a crème avec couvercle, décoré de filets enguirlandés. Ancienne porcelaine tendre d'Arras.

224 — Salière oblongue à pans coupés, décor de rinceaux en bleu. Ancienne porcelaine tendre de Saint-Cloud.

225 — Salière ronde, décorée de lambrequins en bleu. Ancienne porcelaine tendre de Saint-Cloud.

226 — Salière ronde, décorée de lambrequins en bleu. Ancienne porcelaine tendre de Saint-Cloud, marque « au soleil ».

227 — Salière oblongue, décorée de quadrillés en bleu. Ancienne porcelaine tendre de Saint-Cloud.

228 — Pot de toilette cylindrique avec couvercle, décor de lambrequins en bleu. Ancienne porcelaine tendre de Saint-Cloud.

229 — Moutardier forme tonnelet avec couvercle, décoré de lambrequins en bleu. Ancienne porcelaine tendre de Saint-Cloud.

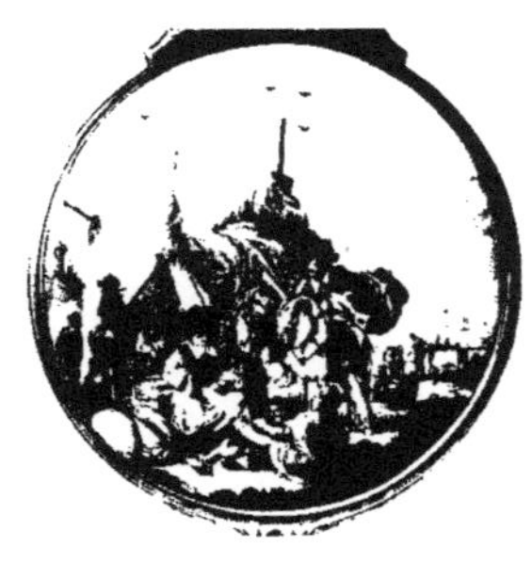

365

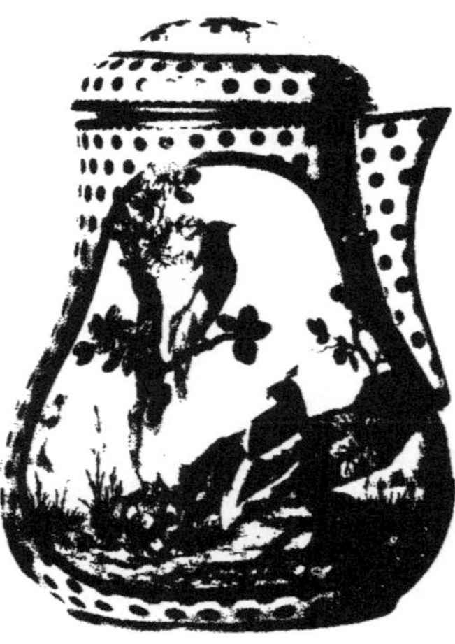

194

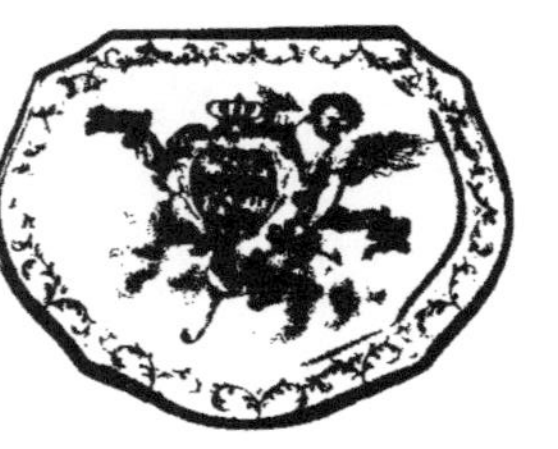

364

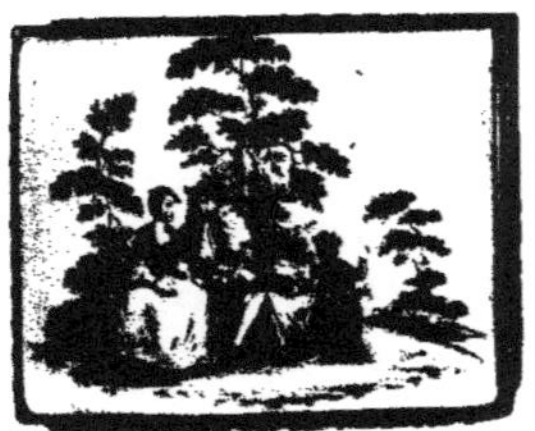

363

362

230 — Sucrier rond avec couvercle, décor de baguettes enguirlandées de feuillages et de rubans roses. Ancienne porcelaine tendre de Mennecy.

231 — Sucrier ovale, avec présentoir, décoré de fleurs, en ancienne porcelaine tendre de Mennecy.

232 — Sucrier rond avec couvercle, décoré de branches fleuries dans le goût japonais. Ancienne porcelaine tendre de Chantilly.

233 — Assiette décorée de réserves contenant des bouquets de fleurs et se détachant sur fond quadrillé bleu. Ancienne porcelaine tendre de Chantilly.

234 — Assiette décorée d'animaux fantastiques et d'attributs de style chinois en rouge et or. Ancienne porcelaine tendre de Chantilly.

235 — Deux assiettes décorées en camaïeu bleu d'un monogramme couronné, avec guirlandes de fleurs au marli. Ancienne porcelaine tendre de Chantilly. Marque : *Villers-Cotterets*, au revers. (Provenant du service du duc d'Orléans).

236 — Pot de toilette cylindrique, avec couvercle, décoré de haies fleuries dans le goût japonais. Ancienne porcelaine tendre de Chantilly.

237 — Petite jardinière quadrilobée, en ancienne porcelaine tendre de Chantilly, à décor de fleurs et haie fleurie dans le goût japonais.

238 — Théière et sucrier rond avec couvercles, bol, pot à lait et flacon à thé, à décor de coquillages. Bordures vertes. Ancienne porcelaine de Loosdrecht.

239 — Deux vases décorés de rinceaux et de médaillons en dorure et couleurs sur fond bleu, avec col, anses et culot dorés. Porcelaine du commencement du XIXe siècle.

240 — Médaillon rond, orné d'un vase de fleurs en porcelaine dure. Cadre en cuivre.

241 — Petit buste du roi Louis XV. Porcelaine tendre, émaillée bleu et or.

242 — Deux vases décorés chacun sur fond jaune d'une frise chargée de rinceaux bleus. Faïence italienne de la fin du XVIIIe siècle.

PORCELAINES DE LA CHINE
ET DU JAPON

243 — Petite jardinière quadrilatérale, évasée, décorée de dragons en bleu sur fond jaune clair. Ancienne porcelaine de Chine au nien-hao de Siouen-Té (1426-1436).

244 — Vase à col évasé, décoré sur fond vert pâle d'une zone en bleu et rouge, à paysages et carrelages. Cette zone est surmontée d'un lambrequin orné de même couleur. Ancienne porcelaine de Chine, nien-hao de Tching-Hoa (1465-1488).

245 — Cornet orné sur la panse et le col de dragons dans les flammes. Ancienne porcelaine de Chine au nien-hao de Tching-Hoa.

246 — Boite a fards avec couvercle, de forme cylindrique, ornée sur le couvercle d'un dragon en bleu. Ancienne porcelaine de Chine au nien-hao de Wanli (1573-1620).

247 — Petite jardinière quadrilatérale, évasée, décorée sur chaque face d'une scène familiale. Ancienne porcelaine de Chine, époque Kang-hi (1662-1723).

248 — Cache-pot décoré d'animaux chimériques et de caractères d'écriture. Ancienne porcelaine de Chine, époque Kang-hi.

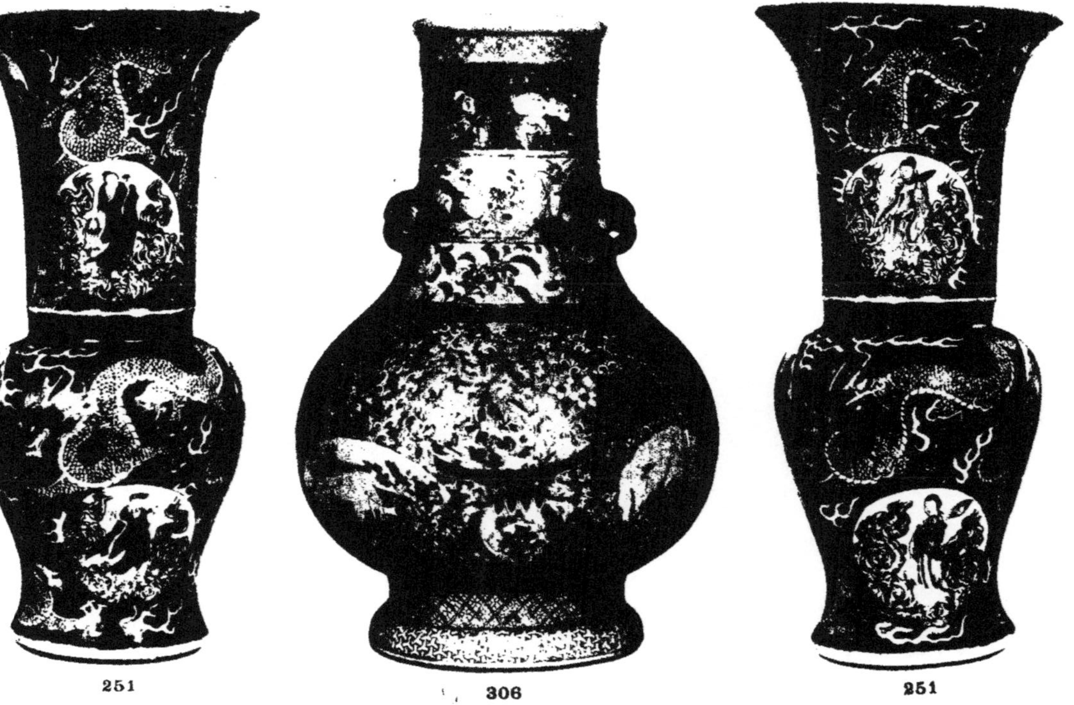

251 306 251

249 — Bol évasé, avec couvercle, à décor de dragons ; ancienne porcelaine de Chine au nien-hao de Young-Tching (1723-1736).

250 — Cache-pot rond, en ancienne porcelaine, époque Young-Tching, décor en bleu et rouge de cuivre : divinité sur un tigre.

251 — Deux cornets décorés de réserves à personnages et de dragons en bleu sur fond brun clair. Ancienne porcelaine de Chine.

252 — Deux lampes formées de potiches d'ancienne porcelaine de Chine, à décor dit à mandarins, composé de grandes réserves se détachant sur fond clathré or. Monture en bronze doré.

253 — Deux potiches avec couvercles en ancienne porcelaine de Chine, décor dit à mandarins, composé de grandes réserves sur fond bleu chargé de petits disques réservés en blanc et de larges feuilles également réservées en blanc. Base en bronze doré.

254 — Bouteille décorée de fleurs et feuilles, gaufrées sous couverte ; ancien céladon gris verdâtre de la Chine.

255 — Vase à goulot étroit orné de deux dragons en rouge et bleu. Ancienne porcelaine de Chine.

256 — Deux cornets décorés en bleu : animaux, rochers et arbustes. Ancienne porcelaine de Chine.

257-265 — Seize tasses variées avec soucoupes, en ancienne porcelaine de Chine (seront divisées).

266-270 — Neuf flacons-tabatières variés, en ancienne porcelaine de Chine.

271 — Pot a lait avec couvercle orné d'une scène familiale, fond de rinceaux en grisaille et dorés. Ancienne porcelaine de Chine. Époque Kien-lung (1736-1796).

272 — Pitong orné de longues inscriptions. Ancienne porcelaine de Chine. Époque Kien-lung.

273 — Flacon-applique décoré d'une réserve de rinceaux sur fond jaune se détachant elle-même sur un champ rouge d'or chargé de branches fleuries. Ancienne porcelaine de Chine. Époque Kien-lung.

274 — Petit pitong quadrilatéral ajouré décoré de motifs irréguliers avec encadrement de rinceaux dorés sur fond marron. Ancienne porcelaine de Chine. Époque Kien-lung.

275 — Pot a lait avec couvercle décoré de réserves contenant des fleurs et se détachant sur un carrelage à l'encre de Chine. Ancienne porcelaine de Chine. Époque Kien-lung.

276 — Petite bouteille émaillée vert camélia craquelé. Ancienne porcelaine de Chine, époque Kien-lung.

277 — Bouteille décorée de dragons en rouge au milieu de nuages émaillés bleu. Ancienne porcelaine de Chine, époque Kien-lung.

278 — Vase à col muni d'un petit renflement ainsi que de deux anses à décor de paysages. Col à fond noir. Ancienne porcelaine de Chine, époque Kien-lung. *Collection Marquis.*

279 — Petit vase-balustre à deux petites anses, émaillé bleu clair jaspé. Ancienne porcelaine de Chine, époque Kien-lung.

280 — Petit pitong décoré de bandes à motifs irréguliers en bleu. Ancienne porcelaine de Chine, époque Kien-lung.

281 — Pitong de forme contournée, décoré d'un carrelage et d'une draperie nouée simulée. Ancienne porcelaine de Chine, époque Kien-lung.

282 — Boite a fards de forme ronde avec couvercle, décorée d'un dragon en vert. Ancienne porcelaine de Chine, époque Kien-lung.

283 — Petit porte-pinceaux à décor polychrome. Ancienne porcelaine de Chine, époque Kien-lung.

284 — Porte-pinceaux orné d'un personnage. Ancienne porcelaine de Chine, époque Kien-lung.

285 — Petit support simulant un rouleau déplié et orné de deux personnages. Ancienne porcelaine de Chine, époque Kien-lung.

286 — Petite cage à grillons de forme cubique, décorée de fleurs et personnages, en ancienne porcelaine de Chine, époque Kien-lung.

287 — Vase à large col décoré de rinceaux fleuris en bleu sur fond jaune clair. Ancienne porcelaine de Chine, époque Kien-lung.

288 — Petit pot ovoïde décoré de médaillons à fleurs et feuilles reliés par des motifs de rinceaux. Ancienne porcelaine de Chine, époque Kien-lung.

289 — Bol décoré de médaillons contenant des personnages et des paysages se détachant sur fond bleu gravé. Ancienne porcelaine de Chine, époque Kien-lung.

290 — Petite pièce d'enfilage ajourée, ornée de médaillons. Ancienne porcelaine de Chine, époque Kien-lung.

291 — Pot a lait avec couvercle, à décor de compartiments de fleurs séparés par des bandes clathrées or. Ancienne porcelaine de Chine, époque Kien-lung.

292 — Petite tasse décorée de dragons en rouge. Ancienne porcelaine de Chine, époque Kien-lung.

293 — Théière avec couvercle en forme de lotus, déversoir simulant un animal. Ancienne porcelaine de Chine, époque Kien-lung.

294 — Vase quadrilatéral, décoré de branches fleuries et de longues inscriptions dans des compartiments, sur fond bleu à rinceaux d'or Ancienne porcelaine de Chine, cachet de Kien-lung.

295 — Deux pagodes en forme de bouteilles, en ancienne porcelaine de Chine, époque Kien-lung, décorées de rinceaux fleuris sur fond bleu pâle pour l'une, jaune pour l'autre, avec bases à fond rouge d'or.

296 — Vase-balustre quadrilatéral, en ancienne porcelaine de Chine, époque Kien-lung, décoré d'ustensiles et de chiens de Fô sur fond simulant le bronze.

297 — Vase décoré, sur fond bleu pâle caillouté, d'arbustes en fleurs et d'oiseaux. Ancienne porcelaine de Chine, époque Kien-lung.

298 — Pot a lait avec couvercle, decoré de perdrix et de branches fleuries. Ancienne porcelaine de Chine, époque Kien-lung.

299 — Petit pitong orné de paysages sur fond bleu pâle rugueux. Ancienne porcelaine de Chine, époque Kien-lung.

300 — Petite bouteille jaspée bleu clair, en ancienne porcelaine de Chine, époque Kien-lung.

301 — Petit vase-balustre quadrilatéral, décoré, sur la face principale, de divinités et, sur les côtés, d'ustensiles. Ancienne porcelaine de Chine, époque Kien-lung.

302 — Pot a lait avec couvercle, décor de compartiments juxtaposés ornés de carrelages de tons variés et surmontés de fleurs sur fond doré. Ancienne porcelaine de Chine, époque Kien-lung.

303 — Vase à goulot étroit et panse turbinée, décor de branches fleuries et chargées de fruits. Ancienne porcelaine de Chine, époque Kien-lung.

304 — Vase cylindrique, décoré de cerfs et de biches dans un paysage, émaux bleus et rouges. Ancienne porcelaine de Chine, époque Kien-lung.

305 — Cache-pot de forme ronde, décoré de réserves à ustensiles sur fond rose chargé d'oiseaux. Ancienne porcelaine de Chine, époque Kien-lung.

306 — Vase-balustre décoré d'une large zone contenant des rouleaux dépliés et des corbeilles de fleurs sur fond bleu ; le col est décoré de zones superposées à fleurs sur fonds noir, rose et bleu pâle. Ancienne porcelaine de Chine, époque Kien-lung.

307 — Bouteille à col évasé, décorée d'arbustes et d'oiseaux. Ancienne porcelaine de Chine, époque Kien-lung.

308 — Vase en forme de tonnelet, orné, sur fond gris verdâtre, de fleurs et ustensiles en bleu. Ancienne porcelaine de Chine, époque Kien-lung.

309 — Deux grosses bouteilles décorées de branches chargées de fleurs et de fruits, en ancienne porcelaine de Chine, époque Kien-lung.

310 — Bouteille ornée d'un dragon en bleu sur fond jaune. Ancienne porcelaine de Chine, époque Kien-lung.

311 — Grosse gourde décorée sur chaque face d'un motif rayonnant gaufré sous couverte gris verdâtre. La tranche est ornée de rinceaux en bleu. Ancienne porcelaine de Chine, époque Kien-lung.

312 — Compotier décoré en camaïeu bleu de dragons au milieu des flammes. Revers orné également. Ancienne porcelaine de Chine, époque Kien-lung.

313 — Deux grands vases à panse surbaissée en ancienne porcelaine de Chine, époque Kien-lung, à couverte imitant le bronze, décor en léger relief, consistant en animaux, caractères d'écriture, motifs réguliers, etc. Anses têtes d'animaux chimériques.

Haut., 48 cent.

314 — Deux vases à panse turbinée et col étroit, décorés de rinceaux fleuris en bleu et rouge de cuivre. Ancienne porcelaine de Chine, époque Kien-lung.

315 — Grand vase décoré de grandes réserves contenant des divinités et se détachant sur un fond rouge d'or gravé et chargé de rinceaux, et fleurs polychromes, anses découpées. Ancienne porcelaine de Chine, époque Kien-lung.

316 — Bouteille-applique décorée de rinceaux en camaïeu rose sur fond rose également. Porcelaine de Chine, fin de l'époque Kien-lung.

317 — Petit brule-parfums rectangulaire avec couvercle, anses surélevées et sur quatre pieds, décoré de paysages. Porcelaine de Chine, fin de l'époque Kien-lung.

318 — Grand brule-parfums avec couvercle à deux anses et sur trois pieds, décor de dragons et de rinceaux. Bouton de couvercle en forme de chien de Fô. Porcelaine de Chine, fin de l'époque Kien-lung.

319 — Deux petits presse-papiers rectangulaires décorés de paysages animés. Porcelaine de Chine, fin de l'époque Kien-lung.

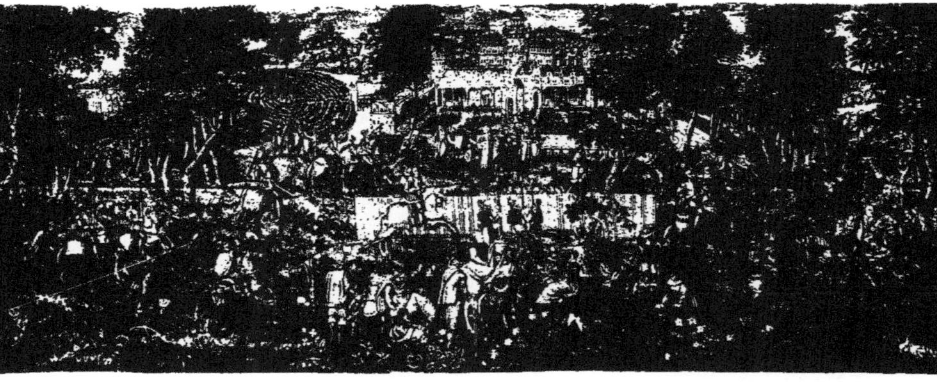

320 — Gourde à panse lenticulaire décorée sur une face d'un paysage animé, sur l'autre, d'une longue inscription. Fond bleu. Porcelaine de Chine portant le cachet de Kia-King (1796-1821).

321 — Bouteille décorée de branchages chargés de fruits avec insectes et caractères d'écriture Porcelaine de Chine portant le cachet de Kia-King.

322 — Boite lenticulaire ornée de rinceaux sur fond bleu pâle. Porcelaine de Chine, époque Kia-King.

323 — Petit bol décoré de dragons en vert sur fond jaune. Porcelaine de Chine, époque Tao-Kouang (1821-1851).

324 — Deux bols décorés de branches fleuries sur fond jaune clair. Porcelaine de Chine, époque Tao-Kouang.

325 — Deux cendriers décorés de dragons verts sur fond jaune. Porcelaine de Chine, époque Tao-Kouang.

326 — Six petits bols décorés de dragons en violet sur fond vert. Porcelaine de Chine, époque Tao-Kouang.

327 — Bol décoré de dragons et de fong-hoang, cachet de Tao-Kouang.

328 — Bol décoré de réserves à fleurs sur fond jaune clair chargé de fruits. Porcelaine de Chine, cachet de Tao-Kouang.

329 — Bouteille à deux petits anses, décorée de rinceaux fleuris et de caractères d'écriture. Porcelaine de Chine, époque de Tao-Kouang.

330 — Crachoir orné de dragons en rouge. Porcelaine de Chine.

331 — Vase décoré en bleu de divinités et d'arbustes. Ancienne porcelaine de Chine.

332 — Cornet décoré de dragons en vert sur fond noir. Porcelaine de Chine.

333 — Deux grosses bouteilles décorées de dragons en rouge sur fond bleu simulant les flots de la mer. Porcelaine de Chine.

334 — Petit bol à bords festonnés décoré de divinités sur fond gravé. Porcelaine de Chine.

335 — Cuiller ornée d'habitations. Porcelaine de Chine.

336 — Bol décoré de rinceaux et de médaillons contenant des ustensiles. Porcelaine de Chine.

337 — Deux potiches avec couvercles, en ancienne porcelaine du Japon, décorées en bleu, rouge et or, de branches fleuries, de vases de fleurs et de bambous.

338 — Deux potiches à pans, avec couvercles, en porcelaine du Japon, décorées de grands compartiments contenant des enfants jouant et des oiseaux, et se détachant sur fond carrelé.

339 — Pitong cylindrique en porcelaine du Japon, décoré d'une multitude de petits oiseaux en bleu.

OBJETS DIVERS

340 — Deux bouteilles en ancien émail cloisonné de la Chine, décorées de fleurs et insectes sur fond jaune. Col à inscriptions et fleurs sur fonds jaune, rouge et bleu alternés.

341 — Deux gros vases en ancien émail cloisonné de la Chine, décor dit aux cent cerfs ; monture en bronze.

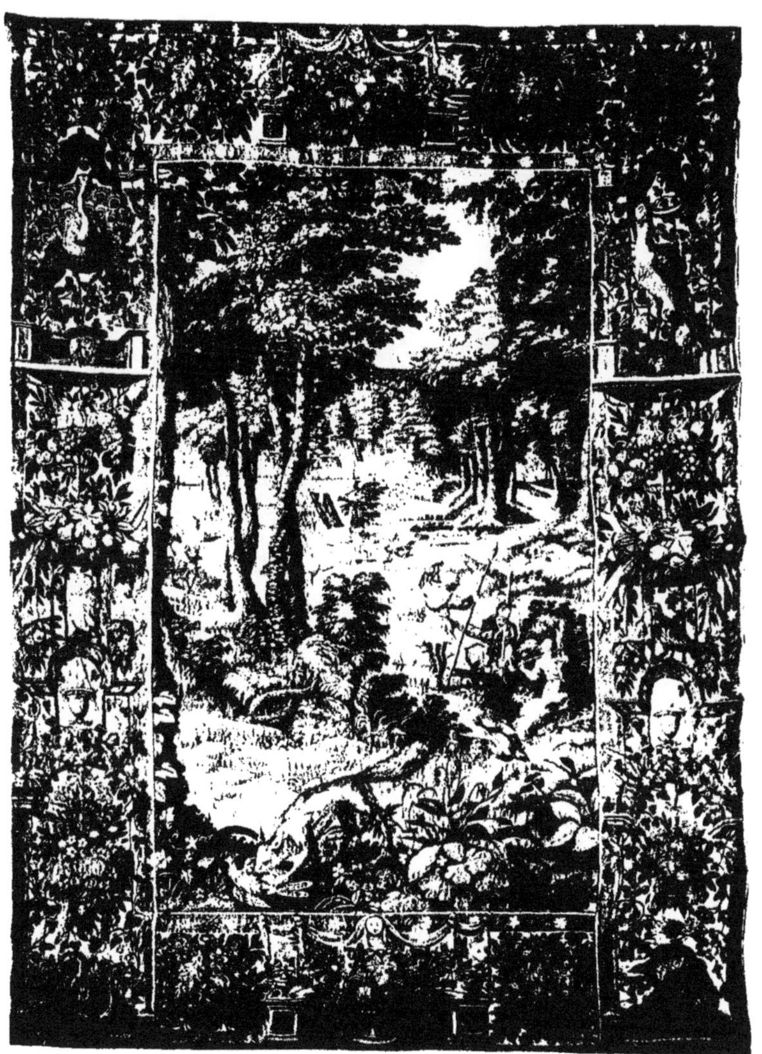

342 — Deux grands cornets en ancien émail cloisonné de la Chine, décorés sur fond bleu de rinceaux fleuris.

343 — Grosse bouteille en ancien émail cloisonné de la Chine, décorée de rinceaux et de larges fleurs en couleurs sur fond bleu.

Haut., 62 cent.

344 — Écran de table en bois ajouré et sculpté, présentant une plaque en ancien émail cloisonné de la Chine, ornée de deux oiseaux.

345 — Boite plate, de forme ronde, en laque du Japon, décorée d'une corbeille sur fond noir et or.

346 — Boite simulant deux boîtes engagées l'une dans l'autre, en laque du Japon, à décor de personnages assis, sur fond noir.

347-348 — Cinq inro, laque et métal du Japon.

349 — Plaque rectangulaire en émail peint de Limoges, xvie siècle, atelier des Pénicaud, présentant le Christ crucifié entre les deux larrons; au pied de la croix, la Vierge évanouie et de très nombreux personnages.

Haut., 18 cent.; larg., 14 cent.

OBJETS DE VITRINE

350 — Étui cylindrique, décoré de sujets galants se détachant sur fond imbriqué rose. Ancienne porcelaine de Saxe. Monture en cuivre.

351 — Étui cylindrique orné de sujets galants dans de petits paysages. Ancienne porcelaine de Saxe. Monture en or.

352 — Béquille de canne décorée de sujets chinois et se terminant d'un côté par une tête de chien. Ancienne porcelaine de Saxe.

353 — Béquille de canne en ancienne porcelaine de Saxe, décorée d'oiseaux, de rocailles et de petites imbrications jaunes.

354 — Fourneau de pipe décoré de deux figures de femmes dans un paysage, ainsi que de fleurs et de rocailles gaufrées sous couverte. Ancienne porcelaine de Saxe. Monture simulant un casque en argent doré.

355 — Flacon forme balustre, en ancienne porcelaine de Saxe à décor de sujet chinois. Culot et col dorés.

356 — Dessus de brosse en ancienne porcelaine de Saxe, décoré d'un sujet galant entouré de rocailles et de quadrillés ajourés, interrompus par quatre réserves à personnages.

357 — Étui cylindrique à décor de personnages et cavaliers, en ancienne porcelaine de Saxe.

358 — Étui cylindrique, décoré de fleurs avec rocailles gaufrées sous couverte. Ancienne porcelaine de Saxe. Monture en or.

359 — Groupe en ancienne porcelaine d'Allemagne : La Leçon de musique.

360 — Petit flacon, forme balustre, décoré d'oiseaux polychromes, ainsi que de rocailles dorées. Ancienne porcelaine de Saxe. Monture argent doré.

361 — Flacon en forme d'enfant au maillot et Dé à coudre. Ancienne porcelaine de Saxe.

362 — Boite rectangulaire en ancienne porcelaine de Saxe, décorée, sur toutes les faces, de personnages dans de petits paysages. A l'intérieur, un paysage animé également ; monture en or.

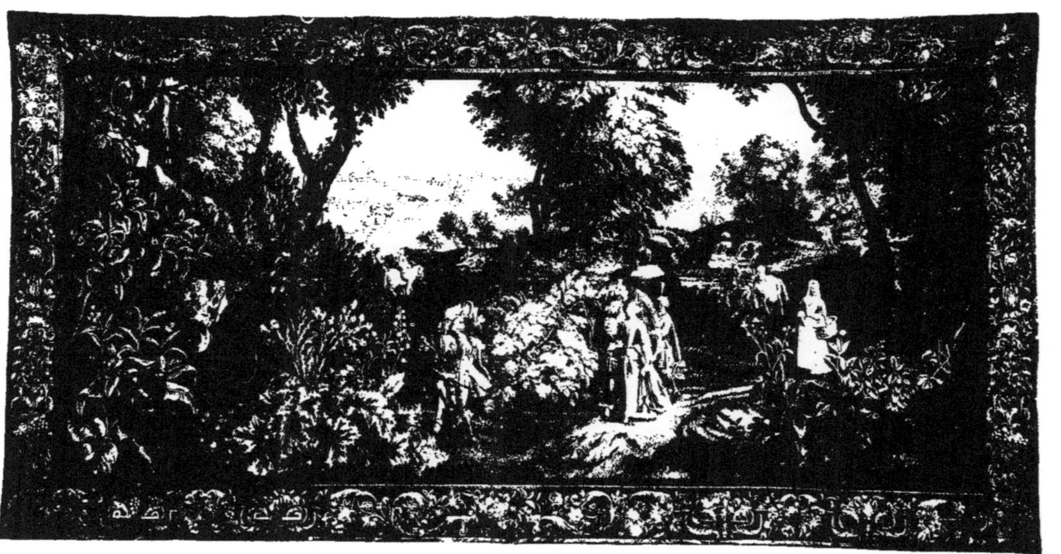

401

363 — Boite rectangulaire en ancienne porcelaine de Saxe, décorée, sur toutes les faces, de personnages dans des paysages. Revers du couvercle décoré de même ; monture en cuivre gravé.

364 — Drageoir en ancienne porcelaine de Saxe, décoré, sur le couvercle, des armes de Pologne portées par un ange, et sur le pourtour d'un paysage animé de nombreux personnages. Au revers du couvercle, vue d'un château avec carrosses au premier plan.

365 — Boite ronde en ancienne porcelaine de Saxe, décorée de vues de ports de mer. Au bord du couvercle scène de patinage. Monture à charnières en or. Intérieur doré.

366 — Boite ovale ornée de fleurs et de rocailles, fond vert pâle. Au revers du couvercle, trois personnages de la Comédie italienne. Ancienne porcelaine de Saxe.

367 — Boite rectangulaire en ancienne porcelaine de Saxe, décorée de fleurs sur fond simulant la vannerie. Revers du couvercle à personnages dans un paysage ; intérieur doré. Monture en argent doré.

368 — Boite rectangulaire en ancienne porcelaine de Saxe, à décor de fleurs et de fruits. Revers du couvercle orné d'une façon analogue.

369 — Boite ovale en ancienne porcelaine de Saxe, décorée, sur toutes les faces, de sujets chinois ; sujet analogue au revers du couvercle et à l'intérieur la marque K. P. M. (manufacture royale de porcelaine). Monture en argent doré.

370 — Petite boite ronde imbriquée rose, avec réserves contenant des fruits ; revers du couvercle décoré de fleurs. Ancienne porcelaine de Saxe

371 — Fourneau de pipe décoré de fleurs polychromes et de personnages orientaux, gaufrure sous couverte. Ancienne porcelaine de Saxe. Monture en argent doré.

372 — Boite ovale, forme corbeille, décorée d'oiseaux et d'arbustes dans des encadrements à rocailles en bleu et or. Au revers du couvercle, une figure de la fortune. Ancienne porcelaine de Nymphenbourg.

373 — Boite rectangulaire en ancienne porcelaine de Frankenthal, décorée de fleurs et d'insectes, avec sujet galant au revers du couvercle.

374 — Boite plate rectangulaire en ancienne porcelaine de Berlin décorée de bouquets de fruits et de fleurs avec encadrements à rocailles gaufrés sous couverte. Au revers du couvercle, un oiseau, une coupe de fruits et un vase de fleurs.

375 — Flacon, forme contournée, décoré de sujets galants dans des paysages en camaïeu lilas. Ancienne porcelaine de Berlin.

376 — Flacon, forme balustre, décoré de sujets galants. Ancienne porcelaine de Berlin, avec bouchon en or.

377 — Figurine de femme debout, tenant de la main droite un masque. Ancienne porcelaine d'Allemagne.

378 — Petit cadre ovale de pendeloque en or émaillé à rinceaux sur fond blanc enrichi d'émeraudes. Travail espagnol du XVIIe siècle.

379 — Montre émaillée, à cuvette ornée du sujet : le Jugement de Pâris, pourtour à petits paysages, centre du cadran à figures. XVIIe siècle.

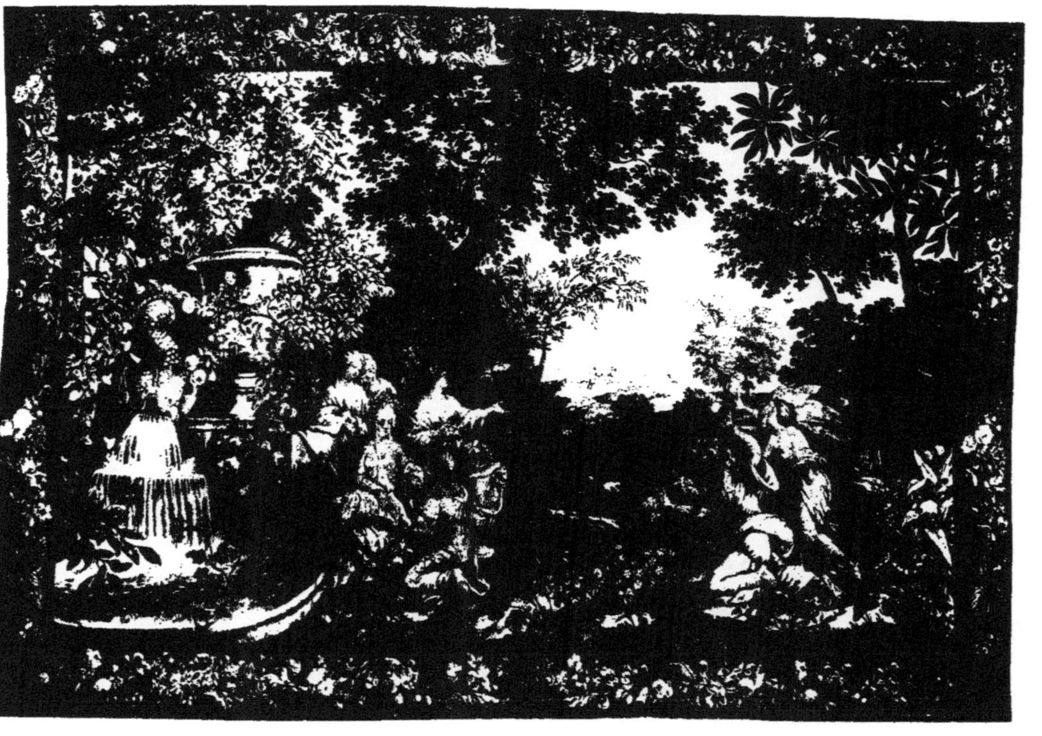

402

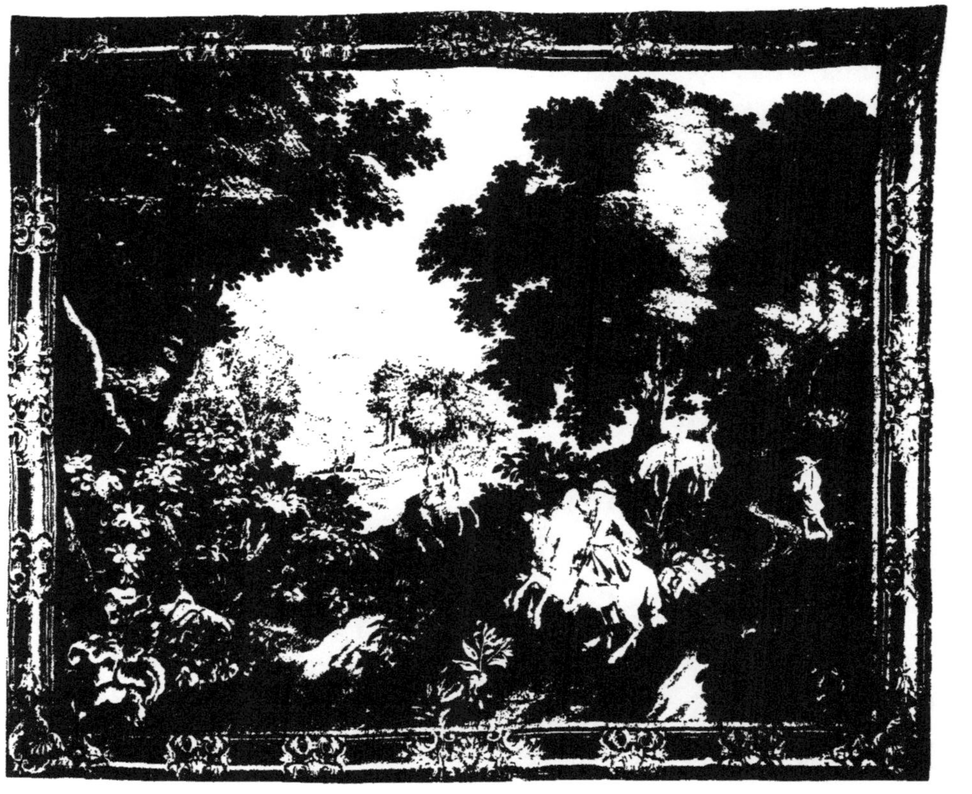

403

380 — Montre émaillée présentant sur la cuvette : la mère de famille. Au pourtour, de petits paysages. Au centre du cadran, une figure de Cléopâtre. Mouvement signé : *Aubert, à Amsterdam*. Émaux signés : *Les frères Huaut*. XVIIe siècle.

381 — Montre en or de couleur ciselé, décorée d'un bouquet de fleurs sur fond rayonnant. Mouvement signé : *Leroy, à Paris*. Époque Louis XV.

382 — Montre en or émaillé présentant sur le couvercle une scène familiale. Mouvement signé : *Mallet, à Paris*. Époque Louis XV.

383 — Petite montre en or ajouré, cadran émaillé bleu. Mouvement signé : *Martinot, à Paris*. Fin de l'époque Louis XV. Boîtier extérieur en chagrin.

384 — Montre à double boîtier en or partiellement ajouré présentant sur le boîtier extérieur une figure de Diane ainsi que quatre réserves contenant des bustes. Mouvement signé : *John May, London*. XVIIIe siècle.

385 — Montre en or émaillé à sujet galant sur fond bleu avec bordure saillante ajourée. Mouvement signé : *Jean Fazy*. Fin du XVIIIe siècle.

386 — Médaillon ovale émaillé sur or : portrait d'homme en buste, coiffé de la longue perruque. Époque Louis XIV.

387 — Médaillon ovale peint sur émail : portrait de femme en buste de face, en corsage rouge, une draperie bleue sur les épaules. Commencement du XVIIIe siècle.

388 — Miniature ovale : portrait d'homme en buste portant la perruque et vêtu d'un habit bleu clair. Époque Louis XVI.

389 — Médaillon rond peint sur émail à sujet galant dans un paysage en camaieu violet. Époque Louis XVI.

390 — Boite ronde galonnée d'or en poudre d'écaille grise incrustée de lamelles d'or parallèles ; monture à charnières. Époque Louis XVI.

391 — Boite ronde en écaille brune galonnée en bas or, présentant sur le couvercle une miniature ovale : corbeille de fleurs, signée. Époque Louis XVI.

392 — Miniature ronde : Portrait d'enfant en buste vêtu de bleu dans le goût de Fragonard. Encadrée.

BRONZES, MEUBLES

393 — Lanterne du Petit Trianon, reproduction en bronze ciselé et doré mat avec fond en vernis bleu, étoiles et losanges en strass. A l'intérieur est suspendu un petit lustre à douze bras porte-lumières surmonté d'enfants musiciens.

Haut., 1 m. 60 ; diam., 71 cent.

Vente Beurdeley (1895).

394 — Pendule en bronze doré et porphyre rouge oriental, ornée d'un groupe : scène de sacrifice, placé devant un cadran solaire surmonté d'une rotonde. Boite oblongue ornée de rinceaux et d'amours. Fin du XVIIIe siècle.

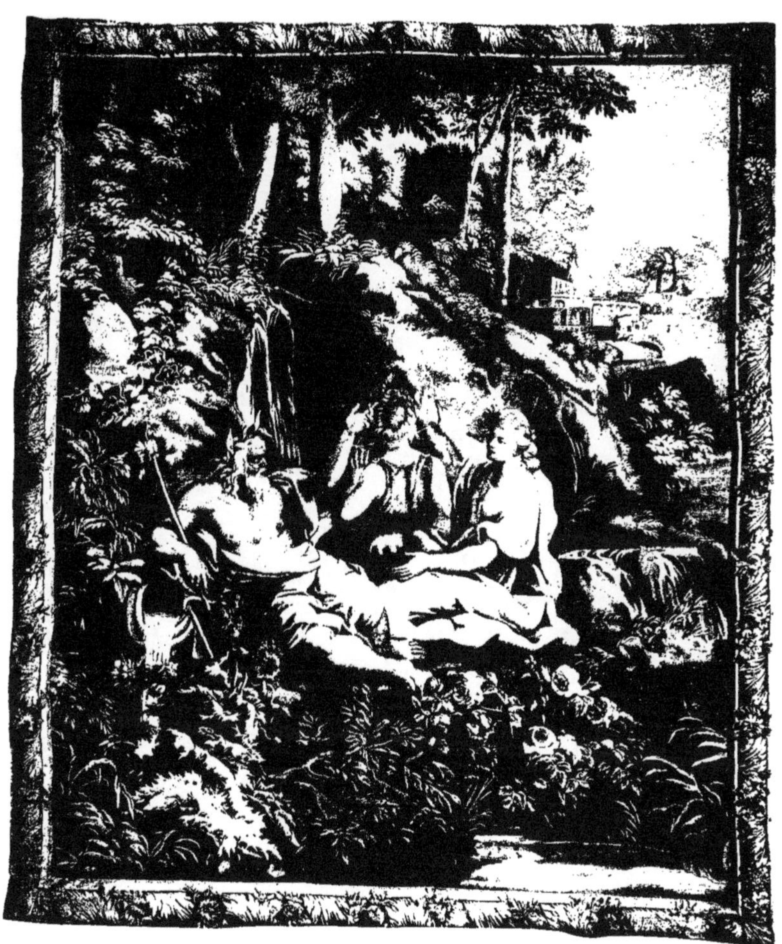

395 — GRANDE TABLE-BUREAU à bords contournés en bois de placage, contenant trois tiroirs, garniture de bronzes tels que mascarons, bustes de guerriers, encadrements, etc. Dessus de cuir. Genre Louis XV. Maison Dasson.

Long., 2 m. 10 ; larg., 1 m. 03.

396 — DEUX VITRINES murales en bois de placage, fermant chacune à deux portes vitrées partiellement avec garniture de bronzes dorés et tablette épaisse de marbre brèche d'Alep. Genre Louis XV.

Haut., 1 m. 50 ; larg., 1 m. 63.

TAPISSERIES

397 — TAPISSERIE rectangulaire du milieu du XVIe siècle, présentant une scène de tournoi dans un parc au fond duquel se dresse un château.

Haut., 1 m. 68 ; larg., 4 m. 65.

398-400 — TROIS TAPISSERIES flamandes du XVIe siècle, à sujets de chasse ; larges bordures à dessin d'animaux, de fruits, de fleurs, de draperies, etc., sur fond clair.

Haut., 3 m. 40 ; larg., 2 m. 25.
Haut., 3 m. 40 ; larg., 2 m. 40.
Haut., 3 m. 40 ; larg., 2 m. 4[illegible].

401 — GRANDE TAPISSERIE rectangulaire de la fin du XVIIe siècle, présentant un jeune seigneur accompagné d'une dame richement vêtue, se promenant dans la campagne, suivi d'un valet portant un parasol et précédé de deux musiciens dansant. Au second plan, leurs chevaux tenus en main et des paysans. Bordure marron à fleurs et fruits.

Haut., 2 m. 55 ; larg., 5 m. 95.

402 — Grande tapisserie rectangulaire à sujet relatif à Proserpine. Composition de personnages drapés à l'antique dans la campagne, avec pièce d'eau sur le côté. Bordure marron à fleurs et fruits, avec têtes d'animaux. Signée : *L. van der Gotten*. Atelier de Madrid. xviiie siècle.

Haut., 3 m. 45 ; larg., 5 mètres.

403 — Tapisserie rectangulaire de la Manufacture royale de Beauvais, du commencement du xviiie siècle, présentant des cavaliers richement vêtus dans une clairière. Sur les côtés, au second plan, la forêt et, au fond, une vue de château. Bordure bleue à coquilles et agrafes simulant un cadre.

Haut., 2 m. 95 ; larg., 3 m. 65.

404-405 — Deux tapisseries rectangulaires de la Manufacture royale de Beauvais, du xviiie siècle, présentant des compositions mythologiques dans des paysages avec pièces d'eau, buissons fleuris, cascades et habitations. Bordures étroites à feuilles et fleurs.

Haut., 2 m. 40 ; larg., 1 m. 95.
Haut., 2 m. 40 ; larg., 2 m. 55.

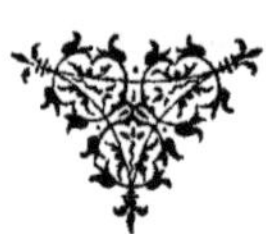

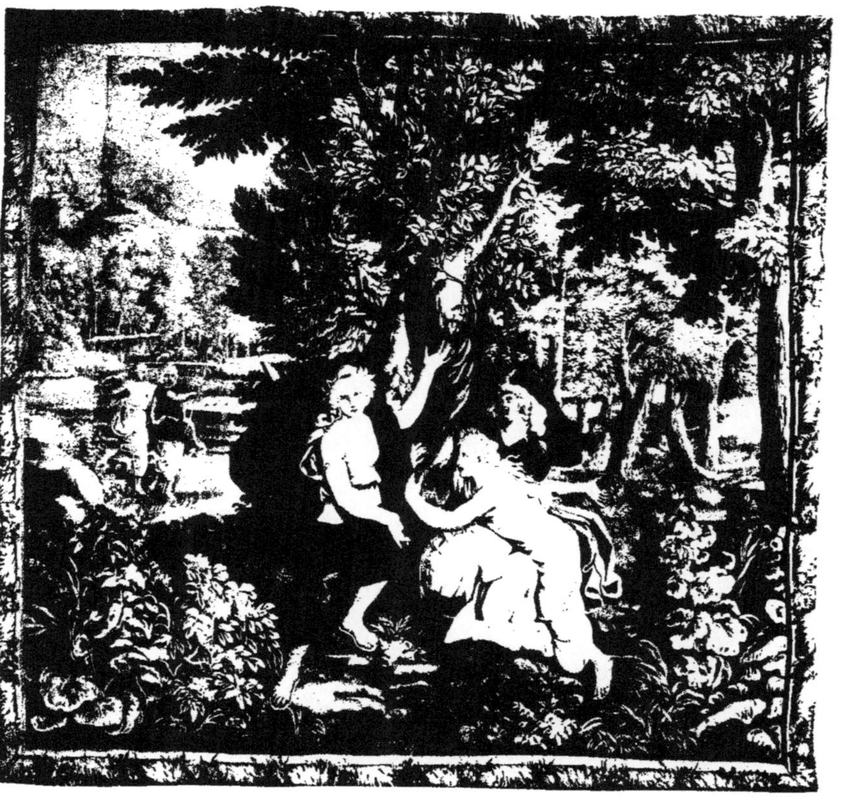

www.ingramcontent.com/pod-product-compliance
Ingram Content Group UK Ltd.
Pitfield, Milton Keynes, MK11 3LW, UK
UKHW021551260726
13993UKWH00002B/777

9 782329 528694